Éric BENOIT

Printemps Incertain

À Christine, pour son cadeau inestimable.

Éric BENOIT est né dans le pays-haut Lorrain en 1963. Enfant de la sidérurgie, il pérégrine dans un milieu social modeste; modeste et riche ! Au fil d'une curiosité de chaque instant, d'une vie douce, douloureuse aussi, sa recherche de sens le mène de l'Amour à l'Univers et de l'Univers à toutes formes d'expression.

Mots, sculptures et photographies sont les reflets multiples tant de son avidité de la Vie que de curiosité introspective; une respiration, une thérapie, une quête permanente.

Pour Toi

Au creux de mes secrets accrochés à mes branches,
A rejailli le feu magique de tes hanches.
Furieux auteur de tes soubresauts fous,
J'ai frémi, pressenti, le bonheur de mon saoul.

Je te sens aiguillée vers mon nombril unique.
Tes sens embryonnés crient la force animale ;
Reflètent et hurlent crûment la puissance vitale.

Je veux dire, ô combien tu me pousses,
Combien chaque virgule de toi,
En mon for intérieur,
Est un arrêt létal.

Les flammes souples et rousses, ta chevelure opaque
Transposent en leur palette, mes idées démoniaques.

Tu adoucis mes mœurs, tu aplanis mon cœur,
Quand rien plus que l'oubli ne déborde et ne leurre.

Je suis, vivant, serein, rescapé de ton cœur,
Pourtant, pourtant, tu émanes, étourdie,
Un parfum qui se meurt.

Je te vois, languissant, pâlissant,
Filant la laine à ton rouet d'argile,
Quand bien même la douceur,
De tes seins, de ta voix se profile.
Tu es, tout comme moi, un oiseau de bonheur,
Un parfum, une saveur, qui sûrement se défilent.

Je te revois, hilare, posément adossée
À la statue de marbre,
A l'arbre fatigué.
Je me fonds doucement, sciemment éthéré
Dans la fractale de l'Arbre.

Je ne t'ai pas entendue

A Clamart. Tout à côté du Bois,
De mon cœur.

Je ne t'ai pas attendue.

Tu es venue ce soir là.
Je ne savais pas que tu y étais.
Je ne savais pas que j'y serais.

Le bleu électrique de tes yeux
A foudroyé mes vingt-trois ans.
Le blond, les boucles de tes cheveux,
Ont vitrifié ma pâle tristesse.
Je t'ai rencontrée, je t'ai retenue.
Longtemps, tu ne le compris pas…

Je ne t'ai pas entendue.

Ton sourire me suffisait.
J'y répondais parfois.
Ancrant dans le temps fou
Le manque de « plus ».

Je ne t'ai pas entendue.

Invincible, dans mon auréole d'ignorance,
J'ai transformé l'amour en long voyage.
Long et monotone et insipide parfois…

Je ne t'ai pas entendue.

Seul, j'avais ce droit de m'éveiller.
Comme l'orage et le vent
De souffler, gronder, balayer...

Je ne t'ai pas entendue.

Puis les mots endurcis
Ont calcifié les faits.
Les faits rebelles
Ont sublimé les maux.

Je ne t'ai pas entendue.

Les hurlements ont réveillé ma nuit,
Pour me rendormir plus vite,
M'assoupir en rêvant.

Je ne t'ai pas entendue.

Piquée par le fer rouge
De nos vies contrefaites,
J'ouvris des yeux incrédules et contrits.

Je ne t'ai pas entendue.

Je sublimai, je transcendai
Les secondes,
Étirées, laminées,
Jusqu'à l'oubli de la dimension même.

Je t'ai aimée si fort.
Je ne t'ai pas entendue.
Tu ne m'as pas attendu.

7 coups pour minuit

Tu t'es en allée.

Enfin, pas vraiment. Pas encore.
Je veille mais je ne suis pas seul.
Tu es là.

Fidèle ennemie ?
Gardienne de mon temple intérieur ?
Sournoise intruse d'une vie que je ne voudrais pas partager avec toi ?
Discrète ingénue de mes méninges embrouillées ?
Invitée mystère de mes folles nuits d'insomnie ?
Diablotin extrait de sa boîte de pandore incomprise ?

Peu avant minuit, tu es arrivée à l'improviste.
Mi-Nuit, quand la mienne n'avait pas commencé !
À l'improviste : pas tout à fait.
De très loin, tu fis un signe familier.
Connu, reconnu parmi tous.

Obstiné, je me suis leurré de l'incrédulité,
Du fol espoir que tu fus autre.
J'ai temporisé, regardé ailleurs,
Soufflé pour mieux ne pas y voir…
Nié la vie,
Car tu en es aussi.

Mais c'était bien toi.
Face à moi tu t'es imposée.
Tu n'as pas eu à forcer la porte grande ouverte.
Je préfère qu'il en soit ainsi.
Si je me barricade, c'est au meilleur que je me ferme !
Ce serait une victoire magnifique pour toi,
Négation de la Vie.

Alors je t'accueille.
Avec quelque retenue bien sûr.
Avec quelque crainte que tu ne sois plus mal élevée et violente encore.

« Rentre donc, puisque tu es là !»
« Tu ne t'attendais pas à ça ! »

Je te vois quelque peu décontenancée.
Mais il t'en faut davantage pour te troubler; encore moins renoncer...

Alors tu t'installes.
Tu es chez toi.
Tu prends tes aises lorsque je me contracte.

Tu es bien, lorsque je ne le suis plus...
Tu entames ta danse insensée,
Lancinante, percutante, traversante et pointue.

Tu te balades et je me tétanise,
Incapable du moindre mouvement.
Je me tortille comme un lombric sur un hameçon
Et tu ris,
Je le sais.

Mais je t'écoute,
J'écoute tes transes et tes mots indicibles,
Tes ondes et paroles sans son.

Je suis prêt à parlementer.

Quand tu daignes m'octroyer un répit,
Je me laisse guider par les images violentes
De mon pauvre corps soumis.
Sismologue à l'écoute,
Sur mon échelle de Richter,
J'enregistre chaque soubresaut,
Pour ne rien subir.

Subir c'est sombrer.
Subir c'est l'inutile souffrance du corps,
Effondré que je ne comprenne goutte.

Alors je me soumets,
J'encaisse.
Chaque coup de semonce comme une nouvelle syllabe.
L'alphabet des douleurs m'enseigne lui aussi.

L'accalmie de tes quelques absences
Accroche même un sourire à mes lèvres crispées,
À mes cordes geignantes.
Je goûte ces instants sans crainte de l'avenir, sans juger du passé.
C'est.
S'égrènent les minutes longues et lourdes
De la crucifixion de mon plexus.
Personne sur les piloris qui m'entourent...

Pourtant, je suis accompagné.
Pas seul avec toi, non.
Je perçois la main douce de la foule qui m'aime,
Se relayant à mon front fiévreux et moite.
Je sens le doigt câlin et bienveillant sur mes vides de l'instant.
Tu vas, tu viens ;
Je m'abandonne sans me plaindre.

Je t'accepte puisque c'est moi qui t'ai engendrée.
Tu fais partie de moi.
Pourrai-je un jour prétendre que je t'aime ?
Je n'en suis pas là aujourd'hui.

Sept coups tu as frappé ce jour-là.
Sept coups, quand je pensais que le premier était le bon.
Sept coups…
Puis j'ai arrêté de compter.

Tu sais, depuis le temps,
Je me suis accoutumé à tes passages.
Puis je t'ai combattue, ignorée,
Perçue comme étrangère, vile, intruse.

Avant de reconnaître, entériner la filiation.
Enfin je t'accueille pour mieux t'écouter,
Et te comprendre dans ce que tu es,
Ta singularité et dans ta pertinence,
Dans ton absurde et mauvaise habitude
De frapper lorsque tu es déjà entrée.

On se connaît bien tous les deux.
Tu finis toujours par t'en aller.
De lassitude sûrement pas.
Rassurée d'avoir été entendue.
Un peu, au moins.
Rassérénée d'avoir perçu tes émoluments
De ma douleur profonde.

Je brûle

Un trait, fin, nuageux, file devant mes yeux,
Le vent nettoie, fougueux, les brumes accrochées,
Les brumes accumulées.

L'horizon de ma vie s'éclaire intensément
De la flamme rouge et jaune de ton pâle sourire.

Je vis la fausse modestie
Inspirée par l'ego.

Mes yeux percent de leur regard
La moite transparence de mon corps égoïste.

La flamme des enfers
Surpasse de bien loin la flamme de ma vie.

Quand la douceur étale son tapis de raison,
Je brûle.

N'est-ce pas l'essentiel si tu veux que je sois ?

Je veux.
Je suis.
Je brûle
Sans ignorer la folle nature du feu.

Col d'Ey

Petit homme édenté,
Petit homme rencontré
Sur le bord d'un chemin.
Qui ce jour-là, était aussi le mien.

De ta voix, rauque, et douce, et généreuse,
Poussée par un accent rieur,
Tu m'as interpellé.
D'un mot, déjà tu étais proche.
Tu ne m'as parlé ni de la pluie, du temps qu'il fait.
Du temps qui passe, du temps qui est.
Tu as touché au profond
De mon être incrédule et contraint.
Contraint et contracté.

De tes mots, de ta verve,
Tu m'as invité
Au bal des mots justes qui percent,
À la valse des gens qui savent.
Tu m'as parlé de liberté,
La Liberté.
Celle que tu connais bien pour la vivre doucement,
Au quotidien de ton expansion vraie.

Tu es le pâtre providentiel
De ce bonheur simple et discret,
Enviable,
De l'envie belle qu'un seul mot fait réalité.

Tu es la rencontre d'un jour,
Celle qui fait toucher terre
Au bouquet des absurdités
Sur lesquelles je m'acharne.
Tu es la douceur d'une lumière rase
Qui éteint les aigreurs.
Tu es la vérité d'un vent soudain et salvateur
Purgeant un ciel d'orage.

De tes mots, de ta présence surtout,
Tu es la paix d'un jour
Qui aurait pu être fugace,
Trop.
Tu es le sens aussi
D'une journée qui pourrait être vide,
Trop.
Tu es le présent qui passe
Et me fait souvenir être un homme.
Tu es comme je pourrais.

Tes larmes et la douce puissance
De tes mots arrachés à tes tripes
Me nourrissent goulûment
Comme l'essence de la vie,
Que tu es.

Petit homme édenté.
Petit homme rencontré
Au détour d'une route non tracée.
Je perçois ton aura de plénitude vive.
Le bonheur que tu m'as donné n'a d'égal que la main
Sincère que je t'ai proposée,
Et l'envie de te suivre...

Cantique

Un trait d'union.
Lien d'hier vers demain.
D'union entre passé et présent incertain.
Lien ténu et vivace.
Gras et fragile.
Où l'on ne parle plus
En des termes humains.
D'humanité, je suis à l'univers.
Uni vers l'uni.

Soudain, la virgule,
Entre deux mots ou deux pensées,
S'est immiscée dans l'espace ouvert par le temps.
Toute la ponctuation du monde
En un quart de seconde.

Et moi,
Qui temporise et tergiverse,
Mouline et cogite,
Pédale et me débats ;
Incarnation médiocre
D'une conscience unique
Et pure.
Contraction de matière.
Infinie expansion
De l'insondable quantique.

Insondable Cantique.

Comme petit tout est ce jour.
Cette nuit me conseille
Dans sa douloureuse douceur,
Dans sa doucereuse douleur.

La brillance de l'étoile qui ne compte pas ses branches
M'anime de la joie profonde, simple de l'inutile,
M'apaise de la certitude absolue de l'essence.

Aux Négociants

Rien ! Il ne se passe rien.
Pas plus dans mon crâne
Que dans ces vallées où le mistral s'est fait porter pâle.

Qu'un brouhaha confus,
Bruit de fond insondable brouillant tout ce qu'il touche,
Touchant tout ce qu'il brouille.

Les boutons d'or d'une prairie parfaite
Éclosent en chœur pour mieux me plaire,
Flatter mes sens écrasés par l'absence.

L'absence de sens.
Tout est là .
Et lorsque tout est là, le doute n'est plus permis.

Sépia

Ta peau flasque
Sur des dents jaunes.
Ton nez long
Sur des joues avachies,
Un front plat coupe le pays
D'où tu ne viens
même pas.
Des cheveux comme
la Stipa
T'enveniment ...

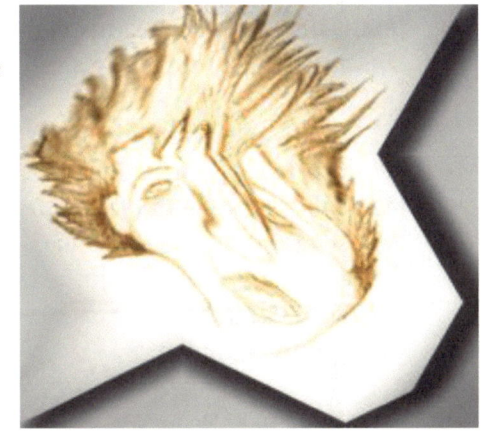

Rester

Ces soirs là...
On boit de la bière
Et du mauvais champagne.
On s'ennuie
Et déjà on n'est plus
Là.
On s'ennuie pour oublier
Qu'on n'est nulle part.
Mais on est là,
Alors on reste.

Utérin

Ce jour n'est pas « un » jour.
Il est un autre.

« Je » est un autre, aussi.

Je suis dans un autre hémisphère.
Solstice et équinoxe à la fois.

Je brûle du soleil de midi,
Tendu vers moi pour mieux m'aimer.
Je frémis sourdement du sommeil de l'ennui,
Pendu à moi pour me saigner.
J'entends dans ces mots qui m'imprègnent,
Un goût de trahison,
Un parfum de raison.

Je ne peux m'extirper
De ce monde incertain
Où le parfum des roses
M'emplit et me retient.

Les ondes douloureuses,
Les ondes maléfiques
M'effleurent et tissent en moi
Une étoffe de Roi.

Dans le liquide utérin, matriciel,
Je baigne, je glisse, je nage
Dans l'univers intime que je ne connus pas,
Avorté que je suis.

Dans l'intime et sombre infini,
Comble de l'amour mérité,
J'ai besoin de ton ombre,
De toi pour me guider.

J'échappe à l'incertain
Pour mieux toucher ce monde
Qui m'offre tout :
L'amour que jadis on perdit.

J'aime comme je respire en mes cils vibratoires.
Je t'aime du profond de mon être, mon espoir.

Monde imbécile

Ce jour-là, je ne sais pourquoi...
Il le fallait.
J'ai mis mes pas dans les vôtres.
Le serpent tranché et creusé par vos vies,
Hanté par vos bras orphelins,
Peuplé par vos voix étouffées,
M'a souri au soleil doux de Mai naissant.

Quelques décennies encore
Et l'humus fera oublier vos folies,
Plutôt celle de vos maîtres bouchers.
J'ai mis mes pas dans les vôtres
Pour sentir votre essence, bien présente,
Entendre vos cris de colère étouffée,
D'agonie esseulée.
J'ai marché sur vos ventres gonflés par la boue
Creusés par la faim.
J'ai remplacé, un siècle après,
La vermine qui courait sur vos corps.

Je n'ai pas oublié.
Je n'ai rien oublié.
J'y étais avec vous.
Vous êtes « moi » qui, encore, parcours ce chemin
Tortueux comme vos âmes,
Que le temps engloutit,
Comme vos âmes.

Le temps prend son temps.
Le temps a le temps.
Lentement. Haletant.
Patiemment, il répare,
Gomme, efface et pardonne
L'irréparable, l'indélébile,
L'indicible...
Il cicatrise les blessures infligées à la terre,
Fait renaître chaque âme au pied d'un charme gris,
Fait germer par milliers les jeunes hêtres
Aux feuilles transparentes
Comme vos vies.

Le sol est gris encore, noirci de fumée et de poudre,
Et lavé par vos pleurs.

Mais aujourd'hui, riez de me voir caresser
Vos desseins singuliers, vos morts inutiles,
Vos destins imbéciles.

Cheminant

La paix du monde reste la mienne.
Comme une nuit douce, elle est tombée sur moi.
Me caressant dans ses bras doucereux.
La paix m'a enivré, la paix m'a sublimé.
Je suis vapeur dans ce théâtre de violence,
Assagi par le vert tendre qui renaît.

Je goûte la douceur d'un vent qui n'a aucun relent.
Je me laisse envahir, conquérir, pénétrer
Par l'insondable écho de vos douleurs intimes.

La paix s'est imposée à moi,
Comme en ces lieux bleuis
Où la violence et l'hystérie
N'eurent d'égal que vos vifs espoirs,
Déçus en un éclat,
D'obus ou de soleil perçant.

Cheminant lentement
Entre les feuilles blêmes du muguet éteint,
Je vous vois agités,
Parcourant les boyaux,
Recherchant liberté là où seront vos tombes,
Où traînent vos entrailles égarées au hasard.

Paix, douceur, harmonie
Ont vaincu le terrain convoité par vos mains,
Combattu par vos cris,
Espéré
Par vos vies abattues…

Imagine la source

Imagine...
Imagine un destin,
Imagine une main.
Une main prend la tienne,
Un destin prend ta main.

Cette main, c'est la mienne ;
Une main pour demain.
Une main qui te tienne,
Pas une main qui retient.

Dans cette main filent des veines,
Des veines
Où coule le sang clair,
Le sang lourd des mauvais rêves,
Et le sang rouge de nos espoirs.

Dans cette main,
Je tiens le monde.
Le monde qui n'est
Rien de plus que cela :
Une veine qui court en moi.

Dans cette veine,
La Vie, la sève,
Le miel et l'univers.

Chaque poussière y prend place.
Elle y concentre tout,
Pour ne laisser paraître
Que le plus vil ego.

Et pourtant tout est là,
Tout y sourd doucement.
Capte la source
Et délaisse l'eau qui dort !

Le monde est à nous

Une lune pleine,
Quelques roses qui entêtent,
S'entêtent à ne vouloir faner.
Un verre de Viognier,
Un sentiment soudain de bien-être profond,
Une sensation vibrant dans chaque part
De mon pauvre corps seul.
Un bonheur faisant écho
à la tristesse ;
Celle de ne pas le partager.

Et que vaut le bonheur s'il n'est pas partagé ?
Oscar Wilde y répond je crois :
Rien !

Même s'il est là, bien là,
Ce ciel rien que pour toi,
Cette lune jaune et claire,
Et présente et amie.
Cette étoile vénusienne que tu sculptais hier,
Que tu retrouves à côté d'elle.

Fidèle compagne des jours couverts,
De l'air léger, des cieux limpides.
Rien d'autre n'est nécessaire,
Que d'être.
Ainsi.

A quoi bon chercher toute chose
Qui ne viendrait pas seule ?

J'aime ce frisson puissant
Qui me prend lentement,
S'installe doucement, et m'amène
À ne rien vouloir d'autre,
Que cette seconde unique.
Celle où j'entends les rires
Et les talons aiguille
Des filles qui se retrouvent.
De la mienne qui rayonne.
Où je perçois encore
La mélodie pincée
Des cordes de guitare
Chantant « Barbès, Clichy ».

Partage impromptu d'une après-midi
D'une soirée pas si solitaires.

J'aime ce silence qui en dit plus
Que tous les mots
Réunis en un seul.

Le silence n'est-il pas à la parole
Ce que le blanc est au noir ?
La somme, et non l'absence,
De toutes les nuances substantives.

Je suis le rêve d'une Vie qui avance,
Se meut modestement
Vers un meilleur comme une offrande.

« Le Monde est à Nous » ai-je construit.
Chemin vers l'espoir étoilé
Au mépris des pièges barbelés
Et de l'aspiration leurrée
D'un monde qui veut tout vendre.

Je veux, je peux tout porter.

M'emporter vers le meilleur qui soit,
Dans le même mouvement,
Emmener ceux qui m'aiment, vraiment.
Qui m'aiment vraiment...
Vraiment les emmener...

Les emporter, par ce que je suis,
Dans l'amour de ce que nous sommes.

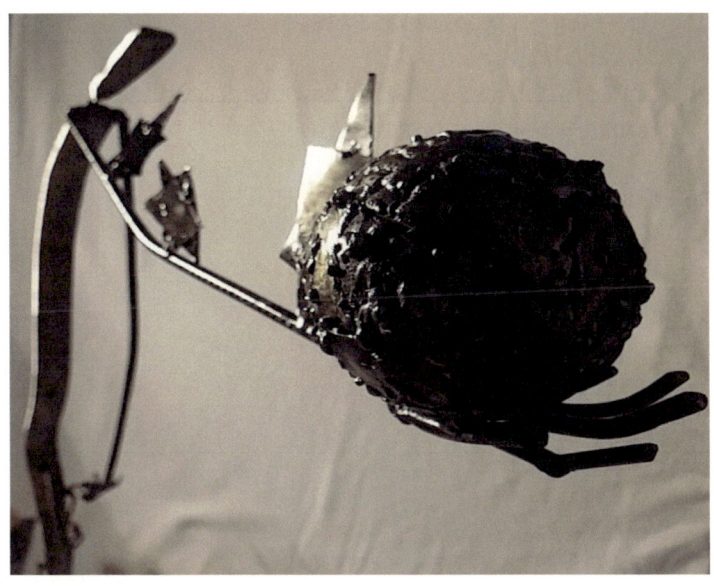

Impossible regret

Laisse ta Vie pénétrer,
Laisse ta Vie, comme le temps,
T'accompagner.

Ne retiens pas ce qui t'émeut,
Ne retiens pas ce qui te meut.

Tu es dans l'impossible du regret.

Te retourner est vain ;
Inutile et vain puisque tu ne peux
Le faire que vers l'inexistence.

Reste entier, regarde face à toi.
Marche. Pas après pas.
Lorsque tes pas se posent, lentement, sûrement,
Constate le chemin parcouru.

Cours si tu veux.
Pas trop vite.
Prends le temps de sentir
Chaque seconde qui est ;
Sans regretter celle qui déjà s'estompe ;
Sans vouloir celle
Qui n'est qu'un songe encore.

Fais ce que tu dois. Vis ce que tu dois.
Sans craindre ni refuser.
Sans t'apeurer du noir qui n'est pas.
Ta Vie est lumineuse
Et ne te laisse pas seul
Dans la pénombre de l'incertain.

Tu avances et tu vois.
Tu avances et tu es.

Tu n'es coupable que de vivre.
La peine encourue, la seule,
Est d'accrocher un bref sourire,
A ton visage d'abord
Puis tout autour de toi.
Un sourire comme un ciel bleu.

C'est toi qui accroches ou décroches la lune.
N'oublie pas ton échelle.
Celle du ramoneur modeste.
Celle-là même qui te mène
À l'astre de tes nuits.

Des nuits qui font tes jours.

Indécis

Marcher ?
Décider ?
Avancer ?
Je souffre de n'être plus.
Qu'est-ce donc que j'attends ?
Des extrêmes, des visites, des coups de téléphone ?
Je n'ai pas le temps.
Le temps nous est compté !
Je dois avancer...
Mais comment ne pas fuir,
Comment ne pas se retourner ?
Quand des photos, des mots,
Une lettre, des pensées
Se pressent,
Se bousculent et réveillent...

Que fais-je ?
Qui fuis-je ?

Sentir. Comprendre ?

La douceur d'une Vie,
D'une Vie étouffée
Par le coton, le bien-être, la fumée.

Enfumé, embrumé par tout ce qui serait,
Par-delà les mots du quotidien vaillant,
Solide et sordide à la fois.

Quotidien fait de mes mains
Qui vacillent, qui transpirent,
Transpercent le néant,
De la quiétude austère,
D'un matin qui ne veut plus,
D'un soi qui n'en peut plus.

Impatience de l'un, impatience de l'autre,
Dans leur avidité féroce
De fusionner, de s'imbriquer
Se retrouver…

Que le temps se contracte.
Que la vie ne soit plus
Qu'une seconde.
D'une seconde à l'autre passer;
Passer pour plus vite trépasser.

Mimétisme de l'instant,
Je me sens bipolaire,
C'est joli « bipolaire ».
La terre est bipolaire,

L'aimant aussi.
Le magnétisme ! Non celui de l'aimé.
Le Divin grand Seigneur
En cette heure grand saigneur.

Disparu le Présent...
Le Présent qui m'est fait...
Celui de l'instant et celui du cadeau.

Derrière le présent, un cadeau,
Derrière l'absence, un poison ?

Il n'est pas encore minuit,
Mais mon carrosse déjà s'est transformé
Aux nimbes mélancoliques de l'Émoi
Qui me prend au pied du lit,
Qui ne me lâchera plus.

Fidèle ami, témoin indéfectible
De ma force, de toutes mes faiblesses.
Les gouttes pluviales égrainent le temps
Qui ne passe déjà plus.
Égrainent la vie qui compte les minutes,
Qui conte ses sornettes idéales
A l'auditeur crédule.

Le rythme s'accélère,
Je suis le fil du temps,
Le fil qui pénètre, éclaire les méandres
D'un cerveau qui ne se comprend plus.

La lumière bleue transcende les liens
Et ignore qui je suis ;
Se perd dans le profond certain
D'un futur qui s'ignore.

Éteindre. Éteindre tout.
Mettre en veille la folie qui me guette
Quand s'accélère la chute
Des larmes ennuagées, des larmes embrumées,
Des larmes embaumées.

Stop, a-t-elle dit !
Faire ce silence qui ne veut pas savoir.

Mais on ne fait pas le silence.
On le souhaite, on l'implore, on l'exhorte...
En tout humilité.
On se fait tout petit.
Pour que lentement il s'installe,
Prenne la place du maudit,
Prenne le volant des mots
Et vole leur méprise
Que plus rien ne réprime.

Cheveux courts et sourires
Des photos estompées,
D'un lieu, d'une présence;
D'une présence comme cadeau
Auquel on revient sans y croire.

Amour des deux pôles blanchis
Calottés et vieillis ;
D'une Vie qui va,
D'une Vie qui vient,
Comme les gouttes qui suintent
Sur le zinc des toits.

Quand les toits sont zingués,
Froids,
Tes cheveux sont cuivrés,
Chauds.
Et l'âme applique sur mon plexus
Une force indicible.
Et l'air se fait rare
Quand l'oppression grandit.

Éteins. Éteins !

Mais comme le silence,
La nuit ne se fait pas,
Elle se mérite, elle se gagne.

Les spasmes somatisent les sanglots réprimés,
La douleur infiltrée au profond de mes os.
Ma poitrine oppressée, ma poitrine compressée,
Mon esprit opprimé, mon esprit comprimé,
Que je n'écoute plus,
Dans le vacarme fou
Du silence qui fuit.

Quelques notes portées

Une guitare qui chante.
Des notes étouffées dans l'épaisseur des murs.

Je ne suis pas seul ce soir.

Les notes réveillent en moi
Le son de l'impossible.
Elles éveillent en moi
La voie de l'indicible.

Quelques mots et l'ombre est habitée.
Je sens la vie et la présence
En chaque entité, du Divin.
Plus rien n'est austère ou commun.
Je me sens aspiré et serein.

J'aime écouter au gré du temps
S'égrainer les notes qui parlent,
Des notes qui me disent doucement
Que tout est là, que rien ne ment.

J'aime cette simple douceur
Des ondes offertes par les cordes pincées.
Je vis au diapason subtil et délicat
Me faisant plus vivant que jamais.
Un rien et pourtant tout est là,
Rien n'est mien.

Je suis la mélodie subtile
Des notes et de la vie douceâtre.
Je me laisse mener où il me faudra bien
Renoncer au futile pour déterrer le lien.
Je rue et me bats, acariâtre,
Où il me faut laisser l'inutile et l'absurde.

Je rêve encore du temps,
Perdu, perdu, perdurant…

Béatitude

Bien, je me sens, et pourtant…
Du désarroi profond de mes artères vides,
Dans lesquelles circule le parfum de la vie,
Je me sens bien,
Du rien de mon malaise naissant,
Du vide de ce malaise ardent.

Pas le vide qui dépite,
Pas celui qui angoisse ;
Celui qui laisse place
A tout ce qui invite.
Je suis bien d'être seul,
Je suis bien de pleurer,
Je suis bien de creuser
Les plis de mon linceul.

Je suis bien comme je suis las,
Je suis bien d'être las,
Las de recherches vaines,
Las d'attentes incertaines,
Las de mots qui ne viennent
Que lorsque tu me peines.

Je suis fort aise de ne savoir
Rien de plus que « Je Suis ».
Même si je ne suis pas
Plus aujourd'hui qu'hier.

Bien de la lassitude
De crier, de créer,
Vibrer jusqu'à béatitude.

Créer pour qui, créer pour quoi ?
Recherche éternelle éperdue
Du sens de ce « moi »,
Quand me pèse l'absence.

Absence et vide,
Richesse et bonheur,
Angoisse et bien être,
Tout est tout.
Et moi je ne suis rien.

Ou l'inverse, suprême facétie.

Conscience de l'absence
De ce dont j'ai besoin,
De tout ce qui n'est rien,
De ce qu'est mon essence.

Plénitude du vide
Béatitude des alcools.

Questions et angoisses s'opposent
Au sentiment profond
Du sommeil léger.
Douceur qui m'enserre
Malgré le vide présent,
Oppressant et prégnant.

Funambule

C'est mon choix.
C'est l'histoire d'une loi;
La loi de faire un choix.
Pas le choix de faire la loi.

On parle de Vie, on parle de Mort.
Quand les uns débattent,
Moi, je me débats
Avec moi.

Avec mes choix qui n'en sont pas.
Avec ces choix qui ne sont pas moi.

Je touche du bout des doigts
L'histoire pénible de ma voie.
Balayées les certitudes,
Bonjour ma solitude,
Face à ce qui se dresse
Devant et derrière moi.

Adversité de l'Amour impossible,
Comme de celui qui n'est plus déjà.
Retour vers le futur d'un avenir certain,
Abandon de qui m'injecte son venin.

Ma Vie est un non-choix,
Réversible à loisir,
Symétrique au possible.
En toi, je vois le mien.
En moi, tu ne vois rien.

Ni les racines que je cherche,
Ni les fondements que je perce,
Les trouve, les pressens...
Pour mieux en faire le deuil.
Je choisis, j'abandonne,
Je m'approche et je fuis.

Mon histoire est un choix,
Choix que je ne fais pas,
Choix dont je me rapproche,
Pour le fuir, apeuré,
Pour courir aveuglé.
Comme ayant vu la Mort
Sous ses tristes auspices.

En ne choisissant rien,
Je cours après le vide,
Je regarde passer
Les années et les rides,
Les années et le vide.

De vouloir préserver
Tout ce qui se présente,
Je n'ai comme retour
Que la claque cinglante
D'un Amour qui s'absente.
La claque de l'Absence,
Celle du doute et des maux.

De la mélancolie l'écho,
M'éloigne de mon essence.

Silence

Ce silence me tue.
Celui même me sauve.

Une balle en pleine tête,
La tête comme une balle.

Plus envie de jouer.

L'enfant qui n'est plus là
A renoncé au pire.

Je t'aime.

Absence de sens proscrits,
Absence de bruit subi,
Plénitude du néant
Qui emplit mon corps vide.

Silence qui ne dit mot,
Silence qui ne dit rien.
Silence vers qui je vais.
Silence que je subis.
Silence qui me plaît.
Silence qui me trahit,
Silence, je te hais.
Silence comme un rubis,
Silence, je te sais.

Tout brûle

Le feu crépite et le temps m'indiffère.
Tout peut passer, il brûle.
Les étincelles de la Vie
S'échappent plus vite que le temps.

Il se meurt, il danse, bien plus que de raison.
D'une masse rougeoyante et informe,
A l'image de Vie, il tremble.

Au rythme d'une musique sourde,
Il danse, il vibre,
Jusqu'à brûler, de sa douceur, chacune de mes parcelles.
Il me séduit, des couleurs les plus fortes,
Au reflet sombre du bois calciné,
De celui qui n'a pas brûlé,
Pas encore.

Un souffle et il s'écroule,
Un souffle et il s'ébroue,
Se ravive s'il en est besoin.
Un rien l'anime, un rien l'amuse, un rien l'attriste.

Alors il se tait,
Fume,
Se fait tout petit,
S'ensevelit lui-même pour se faire oublier.
Puis repart de plus belle.
Vivant.
Il lèche de ses flammes le bois de l'arbre,
Mort,
Depuis longtemps déjà.

C'est le feu qui disperse,
C'est le feu qui invente,
Celui qui purifie.
Il est tout à la fois.
Il pointe de sa flamme
L'absurde de la matière,
La beauté de la forme,
La chaleur des ondes,
Le vif du parfum.

Le feu tout comme une leçon devant moi,
Pauvre humain.
Il se délite, se cabre et me prend par la main.
Il est souple, il est chaud, il dispense le divin.

Devant lui : rien à faire.
Éteindre ses pensées et s'ouvrir au destin.

Il symbolise et recrée chaque instant,
La bonté de la Vie et la Vie de mon sang.

Il éclaire ma face de douce lumière orange,
Méprisant le blafard de mon chevet étrange.
Il est mon cœur et le sang qui palpite,
Simple reflet prégnant de la Vie qui crépite.

Absolu

Il fait triste ce soir.
Il pleut. Il pleure.
Celui qui vit en moi,
Du fond de mon émoi,
Pleure.

Il plombe comme il pleut.
Il tombe comme il peut.

Il n'est d'endroit plus sûr
Que le destin des mots qui suintent.
Qui suintent telles les larmes
Aux rides de ma peau,
Dans le vide de mes os.

Il pleut et il pleure.

Je tombe du sommeil de l'ennui qui me prend,
Au pied du lit que le sommeil attend,
Au creux du vide que le soleil étend.

Il pleut un soleil écrasant,
Il drache des mots s'alignant.
Au gré de mes humeurs,
Au gré de mes odeurs.

Odeur de sainteté,
Odeur synthétisée,
Je ne suis plus qu'une ombre délitée
Dans l'objet de la Vie,
De la Vie qui se meure.

Je me dilue dans le cosmos humide,
Dans le néant aride,
Dans l'infini heureux
Des heures que le glas sonne.

Des mots qui n'ont de sens,
Que celui du destin de mes troubles profonds,
Du trouble des tréfonds insondables et perdus
Dans lesquels je m'égare au gré de l'absolu,
Que je cherche,
Tout autant que je fuis.

Je fuis ce que je trouve
Pour cueillir à nouveau ce que je ne sais pas.
Récolte inachevée,
Semeur de l'incertain qui du bout de ses doigts,
Gourds,
Disperse au gré des sens
Sa quête de l'infini.

Inconnu et certain,
Familier et confus,
Tout est, du bout des doigts, touché et réfuté.
Ma Vie est ainsi faite
De troubles libertaires, d'incertitude moisie,
De connaissance intime et de mots alanguis.

Je vais,
Je saisis,
Je viens,
Je m'échappe.

Vers l'absolu, L'Amour et le cosmos,
Le rien, Le tout.

Instantané 7 a.m.

Comment deux sourires pareils
S'ignorent à ce point ?

L'univers ne peut pas,
L'univers ne veut pas
Que s'effleurent deux destins.

Deux regards si sereins.

Une photo et le doute...

Les pleurs, la rage et la colère
M'étreignent violemment ;
Dirigés contre moi,
Dirigés contre celle,
Qui n'a pas su, qui n'a pas pu
Endosser le vivant,
Accepter le divin.

Le divin de chacun.

La colère crie
De tant d'indifférence
A deux destins croisés.

Je n'ai pas vu, pas répondu.

Elle n'a pas su, pas cherché, pas voulu.

Une oreille

J'implore.
Je supplie qu'une oreille, même sourde,
Puisse être
Là présente,
Quand je suis seul avec mes pleurs,
Mes cris, mes gestes et mes douleurs.

Une oreille, un pavillon battant,
Au rythme lourd de mon cœur hésitant.

Je ne demande rien,
Rien d'autre qu'une oreille,
Une âme derrière si possible;
Une oreille disponible
Juste pour recueillir le son
De ma voix intérieure,
Endormie et éteinte.

Une oreille sur mon cœur,
Un tympan sur mon front,
Et les mots indicibles qui enfin se déploient.

Une oreille généreuse,
Libre de tout entendre.
Une oreille merveilleuse,
Libre de ne rien attendre.

Combien j'ai pu prier,
Ce dieu qui n'est pas là,
Pour un Divin qui est,
Plus présent, plus prégnant.

Je bois, je respire et je perds
Ce qui n'est pas offert,
Le don de l'essentiel
L'âpre odeur du fiel,
La sève de l'univers,
Le rêve de l'Uni vers...

Voix et voie,
Son et toi,
Mon et moi,
Mon émoi,
Et le tien.

Ton oreille contre moi.
Je prends cette main dans la mienne.
Je pose ma main sur ton oreille,
Pour écouter ce qu'elle entend.

Aimer ce que nous sommes

Je pleure comme un gosse,
Je chiale comme une madeleine.

Depuis quand ça pleure une madeleine ?
Ce sont mes yeux qui pleurent...
Et derrière mes yeux, il y a...

Il y a toi.
Il y a moi.

Des cris et des douleurs,
Des images et des sons,
Des douceurs, des horreurs,
Des souffrances et des joies.

Quelle colère je ressens...
Quand je perçois le trait
Commun de nos visages,
La jonction de nos yeux
Rieurs,
L'imbrication
De nos mains, de nos corps.
La vibration commune de nos naissances.

Comment ne pas s'être trouvés ?
Pourquoi s'être cherché... nos différences ?
Pourquoi s'être affrontés en nos sens communs ?

Comment n'avoir pas su
Aimer ce que nous sommes ?

J'ai mal et mes yeux suintent.
Ils perlent, ils drachent.
Ils n'en peuvent plus de s'épancher.

Mes lèvres boivent avidement
Ce que mes yeux extirpent.
Ravalant la douleur, qui ravine mes joues.
Les lèvres qui manquent de toi,
De ce qui n'a pas pu être.
Mes yeux qui crient des tréfonds,
Le désespoir du noir,
Le désespoir du soir,
De ne plus rien savoir.

Mes yeux qui n'en peuvent plus.
Ma poitrine qui s'obstrue.
Ma vue qui se dilue
Dans le brouillard salé
De mon chagrin profond,
Profond, lourd et divin.
Profond et lourd,
Profond.
Divin et lourd,
Lourd.

Autant que nos distances,
Et nos écartèlements,
Et tout autant que nous.

Je ne suis qu'un cri

Qu'est qui t'a pris ?
Pourquoi si vite ?
Pourquoi sans nous ?
Pourquoi j'ai pas compris ?

Une balle entre les yeux,
Une corde autour du cou,
Une boîte de capsules bleues,
Une fenêtre plus haute ...

Je vous ai échappé,
J'ai échappé à tout ;
En ne goûtant à rien,
Je vous ai échappé.

Filé entre les doigts,
Je me suis défilé,
J'ai choisi le non-choix,
Ce choix de n'être pas.

De n'être plus rien que
Ce que je laisse de pire.
Car je vous laisse le pire, mais...
Que vouliez-vous, que pouviez-vous pour moi ?

Je suis allée au bout
De mon incarnation.
Infime solitude
De l'être qui n'est plus,
De qui ne connaît plus,
Que l'avoir.

Je vous aime ô combien.

Ce jour, je vous le prouve;
Je recrée de mes mains
L'avenir qui n'est plus,
Le futur qui n'est rien.

Je refais l'univers
De mes doigts lourds de glaise,
De mon corps lourd de peine,
De mon cœur lourd de gêne,
De mes veines entrouvertes,
Évidées de sang bleu.

Je me fonds doucement
Dans le néant profond,
Qui m'aspire, qui m'inspire
Au-delà du plus beau.

Déjà je suis en vous,
En chacun des atomes
Qui composent vos chairs.
En vous je me raccroche
Car la lumière est là,
Plus brillante que jamais,
Plus saignante que toujours.

Elle coule en moi bien plus
Que le sang rouge et vif
De mes artères bleuies.
Je suis là, je suis là,
En vous bien plus qu'en moi.
Gardez loin en vos âmes,

Le plus profond qui soit,
L'intime de mon émoi,
Le plus cher de ma foi
Et le son de ma voix.

Je suis de vibration pétri,
Vous comble de mes ondes,
Mes douleurs et mes cris.

Je ne suis qu'un,
Je ne suis qu'un cri.

Sommaire

Pour Toi..2
Je ne t'ai pas entendue...4
7 coups pour minuit...6
Je brûle 11
Col d'Ey...12
Cantique..14
Aux Négociants..16
Sépia 17
Rester..17
Utérin..18
Monde imbécile...20
Cheminant..22
Imagine la source..23
Le monde est à nous...25
Impossible regret...28
Indécis..30
Sentir. Comprendre ?..31
Quelques notes portées..35
Béatitude..37
Funambule 39
Silence..41
Tout brûle...42
Absolu..44
Instantané 7 a.m..47
Une oreille...48
Aimer ce que nous sommes...................................50
Je ne suis qu'un cri..52

Crédits photographiques :
Pages 1, 3, 21, 24, 27, et 43 : Eric BENOIT
Dessins :
Pages 10, 16 et 46 : Mano Solo

© *2015, Eric Benoit*

Edition : BoD - Books on Demand
12/14 rond-point des Champs Elysées, 75008 Paris
Imprimé par Books on Demand GmbH, Norderstedt, Allemagne
ISBN : 9782322015788
Dépôt légal : octobre 2015